Renate Vogl

# Kinder basteln mit Garn und Wolle

AUGUSTUS

# Inhalt

# Einleitung

Mit Garn und Wolle lassen sich bezaubernde Tiere und dekorative Gegenstände herstellen. Kinder werden ihre helle Freude an diesen Bastelarbeiten haben. Wenn kein Platz mehr im Kinderzimmer für die fertig gestellten Werke ist, dann werden sie zu originellen Geschenken für Kindergeburtstage, für Mutter- und Vatertage oder andere Familienfeste.

Erwachsene, die beim Mithelfen vielleicht ihre kreative Ader entdeckt haben, können aus den Materiallisten zu den einzelnen Bastelarbeiten die genauen Materialangaben ersehen und diese in Handarbeitsgeschäften oder im Bastel- und Schreibwarenhandel erstehen.

Alle Anleitungen sind in ihrer Farbauswahl als Anregungen zu verstehen, die Sie nach Ihrem persönlichen Geschmack oder den Farben Ihrer Wohnungseinrichtung verändern können.

# Bienenmobile

Siehe Vorlagenbogen

## Das wird gebraucht

Wolle in Gelb, Schwarz und z. B. Blau
Filzrest in Weiß
4 Holzperlen in Schwarz
2 Holzperlen in Rot
2 Chenilledrähte in Schwarz
Chenilledraht in Blau, Rot und Grün
3 Wattekugeln, 2 cm Durchmesser
Pappkarton
Wellpappe, dick
Styroporei, 10 cm lang
1 Holzring, ca. 12 cm Durchmesser
Strickliesel
Bastelwerkzeug

## So wird's gemacht

Für eine Biene brauchen Sie zwei Pompons. Die Technik dazu finden Sie auf Seite 2. Schneiden Sie für den Kopf zwei Pappringe mit 3,4 cm Außen- und 1,2 cm Innendurchmesser, für den Hinterleib zwei Pappringe mit 4,0 cm Außen- und 1,8 cm Innendurchmesser zu.

Bei der Fertigung des Kopfes umwickeln Sie die Pappringe zu einem Drittel mit gelber Wolle und zu zwei Dritteln mit schwarzer Wolle. Beim Hinterleib arbeiten Sie ein gelb-schwarzes Streifenmuster. Beginnen Sie hierbei mit gelber Wolle und enden Sie mit Schwarz. Nach der Fertigung die Abbindefäden abschneiden.

Kleben Sie die beiden Pompons zusammen und gestalten Sie den Kopf. Für die Augen zwei schwarze Perlen und für die Nase eine rote Perle aufkleben.

Danach binden Sie für die Beine drei 10 cm lange Chenilledrähte mittig zusammen. Dabei einen langen Abbindefaden stehen lassen. Ziehen Sie diesen Faden im vorderen Bereich des Hinterleibes von unten nach oben durch. Geben Sie Klebstoff auf die Beine und drücken Sie diese an entsprechender Stelle in den Pompon hinein.

Fertigen Sie eine Schablone von der Flügelvorlage und schneiden Sie diese zweimal aus weißem Filz aus. Falten Sie bei den Zuschnittteilen die Spitze des Flügelansatzes an der Markierung ein und fixieren Sie die eingefaltete Fläche mit Klebstoff. Danach kleben Sie die Flügel seitlich nach oben versetzt in den Pompon-Hinterleib ein.

Für den Bienenkorb schneiden Sie vom Styroporei zwei Drittel ab. Kleben Sie unterhalb der Schnittstelle zwei gleich große Kreise aus der dicken Wellpappe auf. Dieses Grundgerüst umwickeln Sie nun mit gelber Wolle. Hierbei können Sie zuvor eine ca. 5 m lange Wollkordel mit der Strickliesel anfertigen oder eine Luftmaschenkette aus zwei bis drei Wollfäden häkeln (siehe Indianerketten, Seite 12). Auf diese Weise erhalten Sie beim Umkleben eine typische Korbstruktur.

Für die Blumen malen Sie die Wattekugeln z. B. in Pink, Gelb und Hellblau an. Die Farbe trocknen lassen, dann die Kugeln halbieren. Schneiden Sie für jede Blume von den übrigen Chenilledrähten sechs ca. 8 cm lange Abschnitte ab. Formen Sie Blütenblätter daraus und kleben Sie diese auf die Schnittfläche einer halben Wattekugel. Die andere Hälfte darüber kleben.

Umwickeln Sie nun noch den Holzring mit blauer Wolle und hängen Sie ihn dann an drei Fäden auf. Danach können Sie den Bienenkorb, die Bienen und die Blüten befestigen.

**• Tipp •**

Wer will, kann das Flugloch beim Bienenkorb mit schwarzem Garn aufsticken oder ein halbes Oval aus schwarzem Filz aufkleben.

# Filztäschchen

Siehe Vorlagenbogen

## Das wird gebraucht

Filz in Blau, Grün, Grasgrün, Beige und Hellbraun (ca. 30 x 20 cm)
Klettbandverschluss, 1 cm
2 kleine Hohlringe
Lederband, 80 x 1,5 cm
Knopflochgarn
1 Perle in Braun
1 kleines Wackelauge
1 halbe Walnussschale
Plüsch in Braun
Bastel- und Nähwerkzeug

## So wird's gemacht

Zuerst wird die Tascheneingriffkante verstärkt. Dafür schneiden Sie vom grasgrünen Filz einen 20 x 3 cm breiten Streifen ab. Falten Sie diesen längsseits zur Hälfte und stecken Sie ihn über eine Schmalkante des grünen Filzrechtecks. Nähen Sie ihn durch alle Lagen mit kurzen Auf- und Abstichen fest.

Danach legen Sie den grünen Filz so auf den blauen Filz, dass die Längskanten bündig liegen und der blaue Filz für die Taschenklappe an der nicht verstärkten

Kante 12 cm übersteht. Nähen Sie die Lagen entlang der grünen Kante zusammen. Arbeiten Sie im Abstand von 1 cm erneut eine Naht.

Um den Taschenbeutel zu erhalten, klappen Sie die verstärkte Eingriffkante auf die Doppelnaht der unversäuberten Kante. Nun steht der blaue Filz auch an der Bruch- bzw. Taschenunterkante etwas über. Die Lagen zusammenstecken und den Taschenbeutel mit einer Doppelnaht festnähen, gleichzeitig auch eine Doppelnaht entlang der Kanten der Taschenklappe arbeiten, um diese zu festigen.

Nun schneiden Sie den blauen Filz an der Unterkante fransig ein. Falten Sie dann die Taschenklappe über dem Beutelteil ein und bringen Sie dazwischen den Klettbandverschluss an.

Jetzt die Hohlringe auf der Taschenrückseite mit Schlingstichen befestigen, dabei die Ringe mit einem Seitenabstand von 3 cm direkt auf die Doppelnaht nähen. Die Enden des Lederbandes durchfädeln und festkleben.

Für die Eichhörnchen-Applikation schneiden Sie den Körper und die Ohren aus beigem Filz zu. Die Beinpaare aus hellbraunem Filz sowie den Schwanz aus Plüsch zuschneiden. Kleben Sie die Körperteile zusammen und platzieren Sie das Ganze auf der Taschenklappe. Vervollständigen Sie den kleinen Nager mit einer Perle als Nase, dem Wackelauge, winzigen Plüschabschnitten als Ohrbüschel sowie einer kleinen Filzschleife. Wer will, kann auch eine halbe Nussschale in die Gestaltung einbeziehen.

**• Tipp •**

- Für die Nähte können Sie farblich kontrastierendes Knopflochgarn verwenden.
- Wenn Sie kein Lederband zur Verfügung haben, flechten Sie einfach ein etwas dickeres Zopfband aus Wolle. Sie können aber auch ein Samtband verwenden.

# Fledermaus

Siehe Vorlagenbogen

## Das wird gebraucht

Wolle in Braun, bauschig
Filz, zweimal in Braun und zweimal in Ocker, 30 x 20 cm groß
1,2 mm dicker Silberdraht
Füllwatte
1 Styroporei, 3,5 cm lang
1 kleine Wattekugel
2 kleine Holzperlen
Chenilledraht in Braun, 50 cm
Transparentpapier
Bastelfarbe in Rotbraun und Schwarz
Schneider- und Bastelwerkzeug

## So wird's gemacht

Fertigen Sie zuerst eine Schablone von der halben Körper-Flügelvorlage an. Die Vorlage auf Transparentpapier abpausen und ausschneiden. Danach die Schablone nacheinander auf den Filzstücken feststecken und ausschneiden. Jeweils die braunen und die ockerfarbigen Zuschnittteile zu einem ganzen Teil verbinden. Dazu die Teile an der geraden Kante 5 mm überlappen lassen und mit einem Zickzackstich zusammennähen.

Das braune und das ockerfarbige Körperteil bündig aufeinander legen und entlang der Oberkante über Flügel und Halskante knapp zusammensteppen. Nehmen Sie dann den Silberdraht und formen Sie ihn möglichst genau entlang der gesteppten Naht. Beginnen und enden Sie im Abstand von 1 cm ab der Unterkante. Schieben Sie den vorgeformten Draht zwischen die Körperteile exakt an die Steppnaht, am besten mit Nadeln fixieren. Steppen Sie dann im Abstand von 5 mm eine parallele Naht.

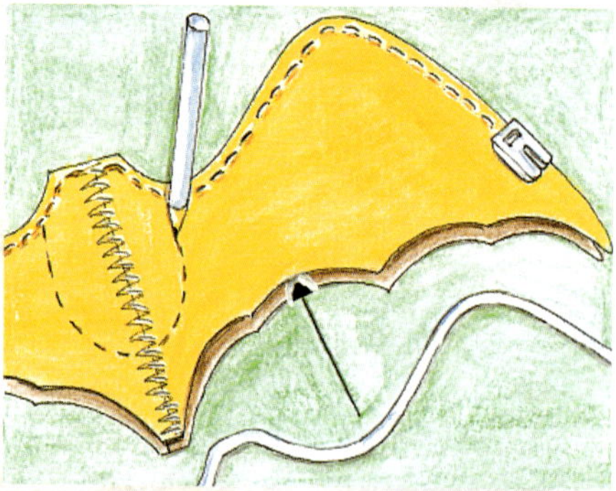

Um die Mittelhandknochen anzudeuten, steppen Sie an entsprechender Stelle zwei 5 mm breite Doppelnähte, dabei nicht über den eingenähten Draht nähen! Schneiden Sie vom übrigen Draht Abschnitte, die 1,5 cm kürzer als die vorgesteppten Doppelnähte sind. Stecken Sie die Drahtabschnitte in den Tunnel der Doppelnähte ein und steppen Sie die Unterkante bis auf das Mittelteil knappkantig ab.

Nun steppen Sie auch die Körperkontur ab, lassen Sie dabei unten eine kleine Öffnung. Den Körper ausstopfen und die Öffnung mit einer Steppnaht

schließen. Danach steppen Sie an der Unterkante die noch offene Strecke ab.

Für den Kopf arbeiten Sie einen Pompon, wie auf Seite 2 beschrieben. Schneiden Sie zwei Pappringe mit 4,8 cm Außen- und 2,4 cm Innendurchmesser zu. Kleben Sie den Kopf auf den Körper. Für die Schnauze halbieren Sie das Ei über die Breite. Malen Sie die Schnauze in Rotbraun, die Wattekugel für die Nase in Schwarz an. Danach die Teile sowie die Perlen als Augen aufkleben. Machen Sie Schablonen von den Ohrvorlagen und schneiden Sie sie aus den Filzresten aus. Das Innenohr auf das Außenohr kleben. Jedes Ohr zuerst an der Unterkante zur Hälfte zusammenkleben, dann in den Pomponkopf einkleben.

Nun arbeiten Sie noch die Beine. Für ein Bein schneiden Sie vom Chenilledraht ein 20 cm und ein 5 cm langes Stück ab. Den langen Draht hälftig legen und vom geschlossenen Ende aus bis auf 2 cm zum anderen Ende hin spiralenartig verdrehen. An diesem Ende das kurze Drahtstück einmal umwickeln, dann die Zehen in Form biegen. In dieser Weise fertigen Sie auch das andere Bein. Kleben Sie die Beine entsprechend der Vorlage auf den Körper. Um die Fledermaus aufhängen zu können, ziehen Sie an beliebiger Stelle der Flügel einen Aufhängefaden ein.

# Hot-Woll-Klammern

ohne Vorlagen

## Das wird gebraucht

Wollreste in beliebigen Farben
1 Wäscheklammer pro Figur
Pappkarton, 10 x 10 cm
1 Perle für die Nase
Tonkarton oder Wellpappe
Lackstifte oder Bastelfarben in Weiß, Schwarz und Rot
Bastelwerkzeug

## So wird's gemacht

Für die Augen tragen Sie das Augenweiß auf und umranden Sie es mit einer dünnen, schwarzen Linie. Setzen Sie auch gleich die Pupillen hinein. Mit etwas Rot deuten Sie die Wangen an.

Danach gestalten Sie die Beine. Fixieren Sie das Fadenende innerhalb eines Klammerarms mit Klebstoff. Wickeln Sie die Wolle bis zur Feder so dicht wie möglich auf, auch hier das Fadenende fixieren. Ebenso arbeiten Sie das andere Bein. Umwickeln Sie zusätzlich noch ein Stück der Klammer, um die Leibhöhe anzudeuten.

Wechseln Sie dann die Wollfarbe und gestalten Sie den Oberkörper. Das Klammerteil bis zum Klammerloch umwickeln.

Für die Haare wickeln Sie etwas Wolle um den Pappkarton. Fassen Sie die Umschlingung an einem Ende zusammen. Am anderen Ende schneiden Sie die Schlingen auf. Tragen Sie reichlich

Klebstoff seitlich und hinter der Klammer auf und kleben Sie das Haarbüschel auf. Für den Pony legen Sie ein paar Fäden nach vorne, zu lange Fäden abschneiden, dann den Pony ankleben. Bei der weiteren Frisurengestaltung können Sie Ihrer Fantasie freien Lauf lassen, z. B. Zöpfe flechten, Rattenschwänze binden oder Hochfrisuren drehen.

Zum Schluss kleben Sie die Perle als Nase auf. Schneiden Sie dann noch zwei ovale Schuhteile aus Karton und kleben Sie diese unter die Beine. So erhält jede Figur einen guten Stand.

# Indianerketten

Siehe Vorlagenbogen

## Das wird gebraucht

Wolle, glatt
Häkelnadel
Perlen, Knöpfe
Glöckchen oder Schellen

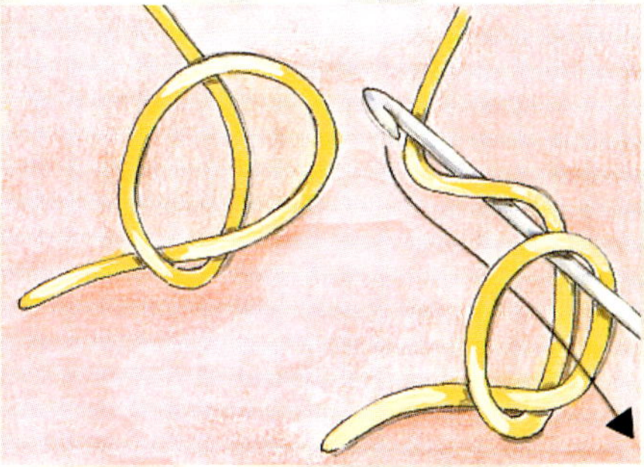

## So wird's gemacht

Beginnen Sie eine Luftmaschenreihe, indem Sie den Faden zwischen Daumen und Zeigefinger der linken Hand halten. Legen Sie mit dem fortlaufenden Faden von rechts nach links eine Schlinge. Den fortlaufenden Faden von unten nach oben durch die Schlinge stecken. Die durchgesteckte Fadenschlinge halten, am Fadenanfang anziehen und so den Knoten festziehen. Nun die Häkelnadel in die Schlinge stecken, am fortlaufenden Faden anziehen, um so die Schlinge locker festzuziehen. Legen Sie jetzt den fortlaufenden Arbeitsfaden von der Innenhand aus zwischen den kleinen Finger und den Ringfinger und führen Sie ihn außen herum über den Zeigefinger. Halten Sie den Knoten und holen Sie den Arbeitsfaden mit der Häkelnadel durch die Schlinge. Hierzu die Nadel unter den Faden schieben und umschlingen. Auf diese Weise wird nun der Arbeitsfaden fortlaufend durch eine Schlinge geholt. Hierbei ist es wichtig, dass die Schlingen nicht zu eng und möglichst gleich groß sind. Probieren Sie ein paar Luftmaschenreihen, bis Sie die Technik beherrschen.

Wenn Sie geübt sind, können Sie auch Perlen, Knöpfe und/oder Glöckchen einhäkeln. Dazu müssen Sie diese zuvor auf das Garn auffädeln. Nehmen Sie zum Beispiel 25 Perlen. Schlagen Sie dann 15 Luftmaschen an. Nun schieben Sie die erste Perle zur zuletzt angeschlagenen Masche. Holen Sie dahinter den Arbeitsfaden und ziehen Sie ihn durch die Schlinge. Arbeiten Sie drei Luftmaschen und holen Sie dann die nächste Perle. In dieser Weise fortfahren, bis alle Perlen eingehäkelt sind. Mit 15 Luftmaschen enden, den Faden abschneiden und durch die letzte Masche ziehen. Zum Schluss die Fadenenden verknoten.

# Krake Koch

Siehe Vorlagenbogen

## Das wird gebraucht

Wolle in Blau
Pappkarton, DIN A5
Wattekugel, 3,5 cm Durchmesser
Fell- oder Plüschrest
Tonkarton in Weiß
Krepppapier in Weiß
Filzrest in Grasgrün
Bastelwerkzeug

## So wird's gemacht

Wickeln Sie ca. 40 g der Wolle längsseits um den Karton. Fassen Sie an einem Ende die Umschlingung zusammen. Am anderen Ende schneiden Sie die Schlingen auf.

Legen Sie die Wattekugel direkt unter die Abbindestelle. Verteilen Sie die Wollfäden gleichmäßig darüber. Diese unterhalb der Wattekugel wieder zusammenfassen und fest abbinden. Bündeln Sie die Fäden zu acht gleich dicken Strängen und flechten Sie jeden Strang zu einem festen Zopf. Das Ende sorgfältig mit einem Garnabschnitt abbinden und die Fadenenden verknoten.

Zur Ausschmückung von Krake Koch malen Sie die ovalen Augen zuerst auf weißes Papier. Danach ausschneiden und aufkleben.

Für das Halstuch schneiden Sie entsprechend der Vorlage ein Filzdreieck. Binden Sie dieses mit einem doppelten Knoten um.

Zur Gestaltung der Mütze benötigen Sie ein 14 x 2 cm großes Rechteck aus weißem Karton sowie ein 30 x 8 cm großes Rechteck aus weißem Krepp. Kleben Sie eine Längskante des Krepps in kleinen Fältchen auf den Karton. Entlang der gegenüberliegenden Seite ziehen Sie einen Kräuselfaden ein. Schließen Sie nun das Ganze zum Ring. Kräuseln Sie die Kreppkante ein und ziehen Sie diese etwas in die Mütze hinein. Bevor Sie die Mütze aufkleben, können Sie auch noch ein Haarbüschel aus Fell oder Plüsch auf den Kopf kleben.

Professionell wirkt Krake Koch, wenn Sie ihm noch einen Rührlöffel und eine Bratschaufel basteln. Die Formen auf weißen Karton übertragen und ausschneiden. Kleben Sie dann jeweils ein kurzes Zahnstocherstück auf die Rückseite der Stiele, dabei die Spitze überstehen lassen. So können Sie die Teile leicht in die Wollarme einstecken bzw. einkleben.

**• Tipp •**

Wenn Sie die Abbindefäden lang stehen lassen, können Sie diese als Aufhängung verwenden. Ziehen Sie die Fäden durch die Mütze, bevor Sie Letztere aufkleben.

Einladung zum Fischessen

# Pompon-Frosch

Siehe Vorlagenbogen

## Das wird gebraucht

Wolle in Grasgrün und Gelb
Presspappe
Chenilledraht in Gelb
Styroporkugel, 4 cm Durchmesser
2 Wattekugeln, 1,5 – 2,0 cm Durchmesser
Filzreste in Grasgrün
Häkel- und Stopfnadel
Bastelfarbe in Grasgrün und Weiß
Faserstift in Schwarz
Bastelwerkzeug

## So wird's gemacht

Für die Augen malen Sie vorab die Wattekugeln in Grasgrün an. Tragen Sie dann das Augenweiß auf und setzen Sie in Schwarz die Pupillen ein. Für das Maul halbieren Sie die Styroporkugel. Schneiden Sie von einer Hälfte zwei Segmente ab. Dann bei einem Segment die Schnittfläche etwas abschrägen.

Überprüfen Sie die Passform beider Maulteile und malen Sie den Außenbereich in Grasgrün sowie den Innenbereich in Rot an.

Für den Körper fertigen Sie nun zwei Pompons an, die Technik ist auf Seite 2 beschrieben. Schneiden Sie dazu vier Pappringe mit 6,0 cm Außen- und 3,0 cm Innendurchmesser zu. Umwickeln Sie zuerst ein Drittel der Ringfläche mit gelbem, dann die übrige Fläche mit grünem Garn. Bei den letzten beiden Runden auch die gelbe Garnfläche mit Grün überwickeln. Die Pompons fertig stellen und nach dem Abbinden beim Kopf in entgegengesetzter Richtung einen separaten Aufhängefaden einbinden. Beide Pompons mit den Abbindefäden fest zusammenknoten.

Nun fertigen Sie die Beinpaare, indem Sie die Füße aus grünem Filz zuschneiden. Für die Vorderbeine benötigen Sie vom Chenilledraht ein 17 cm langes Stück, für die Hinterbeine ein 33 cm langes Stück. Stecken Sie die Abschnitte durch den Körper. Wenn dies wegen der Fadendichte nicht geht, halbieren Sie die Drähte und kleben Sie diese dann einfach zur Pomponmitte hin ein. Am losen Ende dann die Füße ankleben.

Zum Aufkleben von Augen und Maul die Pomponfäden etwas auseinander drücken.

# Pompon-Maus

Siehe Vorlagenbogen

## Das wird gebraucht

- Wolle in Hell- und Dunkelgrau
- Presspappe
- Chenilledraht in Hautfarbe
- kleiner Wattekegel
- kleine Wattekugel
- 2 schwarze Perlen
- Filzreste in Weiß, Grau und Hautfarbe
- Häkel- und Stopfnadel
- Bastelfarbe in Hautfarbe und Schwarz
- Bastelwerkzeug

## So wird's gemacht

Malen Sie vorab den Wattekegel hautfarben und die Kugel schwarz an. Schneiden Sie dann für den Körper zwei Pappringe mit 6,0 cm Außen- und 3,0 cm Innendurchmesser zu. Für den Kopf benötigen Sie zwei Ringe mit 4,5 cm Außen- und 2,5 cm Innendurchmesser. Fertigen Sie die Pompons, wie auf Seite 2 beschrieben. Achten Sie darauf, dass Sie bei jedem Ringpaar zuerst ein Drittel der Ringfläche dick mit hellgrauem Garn, dann die übrige Fläche mit dunkelgrauem Garn umwickeln. Bei den letzten beiden Runden auch die hellgraue Fläche in Dunkelgrau überwickeln. Die Pompons fertig stellen und nach dem Abbinden beim Kopf in entgegengesetzter Richtung einen separaten Aufhängefaden einbinden. Beide Pompons mit den Abbindefäden fest zusammenknoten.

Jetzt schneiden Sie aus Filz die Außenohren in Grau, die Innenohren in Hautfarbe, das Gesichtsteil in Weiß zu. Danach kleben Sie das Innenohr auf das Außenohr. Dann an der Unterkante mittig eine Falte einlegen und mit Klebstoff fixieren. Die Pomponfäden am Pomponkopf etwas auseinander drücken und die Ohren einkleben.

Zur Ausschmückung des Kopfes kleben Sie nun zuerst die schwarze Kugel auf den Kegel. Diesen dann mittig auf das Gesichtsteil kleben sowie die Perlen als Augen aufkleben. Um das Gesicht besser aufkleben zu können, drücken Sie die Wollfäden des Pompons etwas auseinander.

Für die Vorderbeine schneiden Sie vom Chenilledraht drei 7 cm lange Stücke sowie ein 5 cm langes Stück ab. Verdrehen Sie die langen Stücke bis auf ca. 2 cm miteinander. An diesem Ende dann das kurze Stück umwickeln, um so die

Zehenanzahl zu erhalten. In gleicher Weise verdrehen Sie für die Hinterbeine drei 10 cm lange Chenilledrähte bis auf ca. 3,5 cm miteinander und setzen Sie dann ein 9 cm langes Stück an. Zum Einkleben der Beinpaare die Pompon-fäden etwas auseinander drücken.

Zum Schluss fertigen Sie den Schwanz, indem Sie das Schnittteil aus grauem Filz zuschneiden. Tragen Sie ganzflächig Leim auf und rollen Sie das Zuschnittteil ein. Am besten zwischen den Hand-flächen rund rubbeln. Danach den Schwanz festkleben.

# Pompon-Schwein

Siehe Vorlagenbogen

## Das wird gebraucht

Wolle in Rosa (am besten weiß-rosa meliert)
Presspappe, Chenilledraht in Hautfarbe
Korken, 2 schwarze Perlen
Filzreste in Beige und Pink
Silberdraht, ca. 7 cm lang
Bastelfarbe in Hautfarbe und Schwarz
Bastelwerkzeug

## So wird's gemacht

Für die Schnauze schneiden Sie vom Korken eine 1,2 cm dicke Scheibe ab und von dieser wiederum ein Drittel. Um die Maulöffnung zu erhalten, schneiden Sie bei beiden Teilen die Innenfläche etwas aus. Malen Sie die Teile hautfarben an.

Schneiden Sie dann für den Körper zwei Pappringe mit 6,0 cm Außen- und 2,6 cm Innendurchmesser zu. Für den Kopf

benötigen Sie zwei Ringe mit 5,0 cm Außen- und 2,0 cm Innendurchmesser. Fertigen Sie die Pompons, wie auf Seite 2 beschrieben. Danach beide Pompons mit den Abbindefäden fest zusammenknoten und zuvor etwas Klebstoff dazwischen geben.

Aus Filz schneiden Sie die Außenohren und die Zunge in Pink, die Innenohren

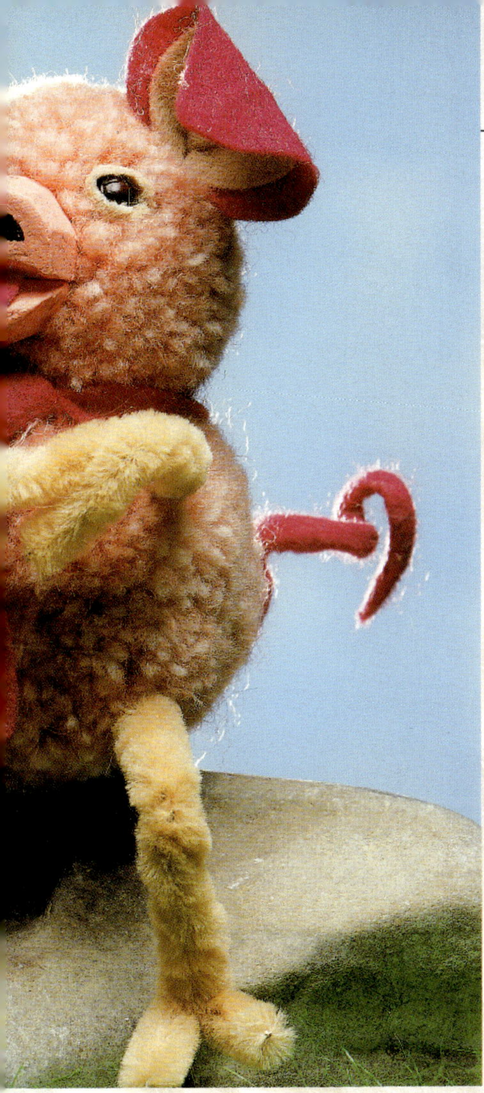

Zunge einkleben und die Nasenlöcher aufmalen.

Für die Augen schneiden Sie entsprechend der Vorlage zwei Ovale aus beigem Filz zu. Tragen Sie Klebstoff entlang einer Längskante auf und platzieren Sie mittig eine Perle. Kleben Sie den übrigen Filz um die Perle herum auf. Zum Aufkleben der Augen die Pomponfäden etwas auseinander drücken.

Für die Beine schneiden Sie vom Chenilledraht für jedes Vorderbein zwei 7 cm lange Stücke ab. Verdrehen Sie diese bis auf ca. 1,5 cm miteinander. Für die Hinterbeine verdrehen Sie pro Bein zwei 10 cm lange Chenilledrähte bis auf ca. 2,0 cm miteinander. Zum Einkleben der Beinpaare die Pomponfäden etwas auseinander drücken.

Zum Schluss fertigen Sie den Schwanz. Schneiden Sie das Schnittteil aus pinkfarbenem Filz zu. Tragen Sie ganzflächig Leim auf und rollen Sie das Zuschnittteil über einem Stück Draht ein. Am besten die Kanten einfalten, dann zwischen den Handflächen rund rubbeln. Danach den Schwanz festkleben und in Form biegen.

in Beige zu. Danach kleben Sie das Innenohr auf das Außenohr. Falten Sie jedes Ohr zur Hälfte zusammen und fixieren Sie es an der Unterkante. Die Pomponfäden am Pomponkopf etwas auseinander drücken und die Ohren einkleben.

Nun kleben Sie die Schnauze auf. Vervollständigen Sie diese, indem Sie die

# Quastenprinzessin und Zauberer

Siehe Vorlagenbogen

## Das wird gebraucht

Wolle in beliebiger Farbe, 50 – 70 g
Garn zum Abbinden
1 Wattekugel pro Kopf,
ca. 4 cm Durchmesser
1 kleine Wattekugel für die Nase
Spitzenborte, ca. 30 x 3 cm
leichter Stoff, ca. 60 x 30 cm
Filz
Plüschrest
Pappkarton, DIN A5
Bastelfarbe in Hautfarbe und Weiß
Faserstift in Schwarz
Bastelwerkzeug

## So wird's gemacht

Wir beginnen mit der Quastenprinzessin. Für die Arme wickeln Sie die Wolle an einem langen Ende des DIN-A5-Pappkartons ca. 1,5 cm dick auf. Fassen Sie die Umschlingung an einem Ende zusammen. Am anderen Ende schneiden Sie die Schlingen auf. Binden Sie die Fäden 1 cm hinter dem geschlossenen Ende ab und schneiden Sie jetzt auch hier die Schlingen auf. Flechten Sie dann einen 20 cm langen Zopf. Das Ende mit Garn abbinden und die Fadenenden verknoten.

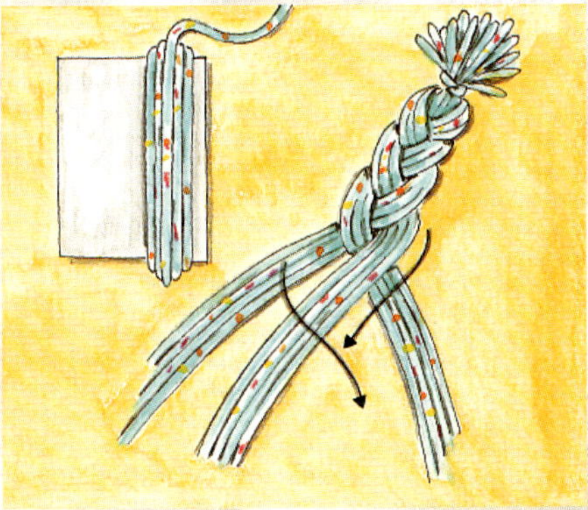

Für den Körper wickeln Sie die Wolle an einem schmalen Ende des Pappkartons ca. 3 cm dick auf. Fassen Sie die Umschlingung an einem Ende zusammen und lassen Sie dabei die Garnenden als Aufhängefäden stehen. Schneiden Sie dann die Schlingen am anderen Ende auf.

Nun legen Sie die Arme zwischen die geteilten Fäden und fassen diese unterhalb der Arme zusammen. Fest abbinden.

Malen Sie die Wattekugel zuerst hautfarben an. Danach malen Sie ein lachendes Gesicht und geben etwas Rouge auf die Wangen. Wenn die Farbe trocken ist, ziehen Sie die Aufhängefäden mit Hilfe einer langen Nadel durch den Kopf. Um das Ganze zu stabilisieren, kleben Sie den Kopf auf der Quaste fest.

Um die Haare zu gestalten, schneiden Sie der Vorlage entsprechend die Teile aus Plüsch zu. Sie benötigen ein hinteres Haarteil, zwei seitliche Haarteile und ein Haarteil für den Pony. Setzen Sie alle Teile in der gleichen Reihenfolge direkt am Aufhängefaden an. Wenn Sie Langhaarplüsch verwenden, schneiden Sie den Pony etwas in Form.

Für den Spitzenkragen ziehen Sie bei der Borte entlang einer Längskante in einem Abstand von 1 cm einen Kräuselfaden ein. Die Spitze einkräuseln und umbinden.

Jetzt kommen wir zum Zauberer. Beginnen Sie die Gestaltung des Körpers wie oben beschrieben, hier jedoch den Pappkarton auch beim Körper längsseits umwickeln. Nach dem Abbinden des Oberkörpers gestalten Sie die Beine. Dafür aus den losen Fäden zwei Stränge bilden. Jeden Strang dreifach aufteilen und zu einem Zopf flechten. Das Ende mit Garn abbinden und die Fadenenden verknoten.

Nun gestalten Sie den Kopf. Malen Sie zuerst die große und die kleine Wattekugel hautfarben an. Danach die Augen aufmalen und die Wangen mit etwas Rot andeuten. Jetzt können Sie die Aufhängefäden durch den Kopf ziehen und diesen aufkleben. Beachten Sie die Vorlagen und schneiden Sie die Haar- und Bartteile zu. Kleben Sie den Bart auf und platzieren Sie die Nase direkt darüber. Zuletzt kleben Sie das hintere und die beiden seitlichen Haarteile auf. Zuletzt fertigen Sie nach Vorlage eine Schablone für den Hut an und schneiden Sie den Filz entsprechend zu. Danach kleben Sie das Zuschnittteil tütenförmig zusammen. Bevor Sie den Hut aufkleben, ziehen Sie die Aufhängefäden mittig durch. Für den Umhang schlagen Sie eine Längskante des leichten Stoffes 3 cm breit ein und arbeiten im Abstand von 1,5 cm eine Kräuselnaht. Die Stoffkante einkräuseln und den Umhang umbinden.

**• Tipp •**

Man kann die Püppchen auch als Stabpuppen nachbasteln. Beim Abbinden des Körpers einfach einen Rundstab mitfassen, zuvor etwas Bastelleim am Stabende auftragen.

# Spielstab Löwe

Siehe Vorlagenbogen

## Das wird gebraucht

Wolle in Gelb
Tonkarton in Gelb, Schwarz, Weiß und Rot
Rundstab, ca. 50 cm lang
Holzring, Durchmesser ca. 12 cm
Bastelwerkzeug

## So wird's gemacht

Schneiden Sie vom Garn fünf 20 cm lange Abschnitte ab. Diese bündeln und damit eine Schlaufe legen, dabei die Enden zusammenfassen. Führen Sie die Schlaufe an einer Stelle unterhalb des Holzringes durch. Die Schlaufe weiten und die Enden oberhalb des Ringes durchstecken, fest anziehen, um die Schlaufe dicht zu machen. In dieser

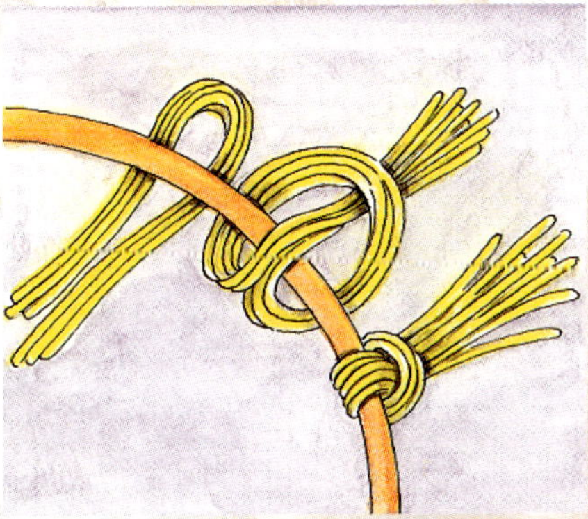

Weise knüpfen Sie Wollabschnitte um den gesamten Ring.

Kleben Sie den Rundstab auf die Rückseite des Ringes mittig auf. Über die Stabstrecke innerhalb des Ringes können Sie ebenfalls Wollabschnitte anknüpfen.

Anschließend gestalten Sie das Gesicht. Übertragen Sie zuerst die gesamte Kopfkontur auf gelben, die Augen, Schnauze und Innenohren auf weißen, die Nase auf schwarzen Karton. Danach schneiden Sie alle Teile aus, gleichzeitig bei der Schnauze die Maulöffnung herausschneiden.

Kleben Sie hinter das Maul roten Karton. Malen Sie die Pupillen mit einem schwarzen Faserstift aus und umranden Sie damit auch die Augen und das Maul. Dann die Augen, die Schnauze, die Nase und die Innenohren in dieser Reihenfolge aufkleben.

Zuletzt schneiden Sie noch ein paar Tasthaare aus weißem Karton aus. Kleben Sie diese auf Schnauze und Stirn. Malen Sie auch ein paar schwarze Punkte auf die Schnauze. Zum Schluss geben Sie Klebstoff auf die Wollschlingen und kleben den Kopf auf.

# Traumfänger

Siehe Vorlagebogen.

## Das wird gebraucht

Wolle, glatt
Wolle, hochflauschig oder mit Fransen
1 Holzring, ca. 20 cm Durchmesser
Korken
Federn
Plüschrest
bunte Holzperlen
Zweige
Bastelwerkzeug

## So wird's gemacht

Für das Umwickeln des Holzringes schneiden Sie Fransenwolle oder hochflauschige Wolle in ca. 2 m lange Abschnitte zu. Sichern Sie bei jedem Abschnitt den Anfang und das Ende mit Klebstoff. Schieben Sie die Umwicklung immer wieder dicht zusammen. Für die Aufhängung können Sie einen separaten Faden anknoten oder restliches Garn von der Umwicklung stehen lassen, zusätzlich mit Klebstoff fixieren.

Nun befestigen Sie den Fadenanfang der glatten Wolle an einer Stelle des Ringes. Spannen Sie dann innerhalb des Ringes ein Netz. Arbeiten Sie im Uhrzeigersinn. Legen Sie den Faden in gleichmäßigen Abständen um den Ring. Das Ende wiederum gut absichern.

Bei der Ausschmückung können Sie Ihrer Fantasie freien Lauf lassen. Kleben Sie zum Beispiel zwei Plüschfelle seitlich auf den Ring und stecken Sie bei einem zwei Indianerfedern ein. Innerhalb des Ringes kann man Korkenscheiben von der Rück- und Vorderseite aus gegeneinander kleben und den Netzzwischenraum mit Perlhuhnfedern ausfüllen. Bündeln Sie noch ein paar Zweige mit Garn und fädeln Sie ein paar Perlen dazu. Auf separaten Garnabschnitten reihen Sie Perlen und Korkenscheiben auf. Arbeiten Sie beliebig viele Ketten und hängen Sie diese dann am Ring dazu.

**• Tipp •**

Als Netz können Sie auch eine Luftmaschenkette mit Schellen und Glöckchen um den Ring spannen. Die Technik für die Luftmaschenkette finden Sie beim Thema Indianerketten auf Seite 12.

# Überraschungspudel

Siehe Vorlagenbogen

## Das wird gebraucht

Wolle, 50 g glatt
Wolle, 80 g bauschig
Häkelnadel, Stärke 3,0
Pappkarton
Papprolle
Wattekugel, ca. 1,5 cm Durchmesser
Filzrest in Rot
Papier für die Augen
Satinband, 25 x 0,3 cm
Bastelfarbe in Schwarz
Bastelwerkzeug

## So wird's gemacht

Fertigen Sie aus der bauschigen Wolle sieben Pompons. Die Technik dazu finden Sie auf Seite 2. Schneiden Sie für die Vorderbeine, die Schnauze und den Schwanz jeweils zwei Pappringe mit dem Außendurchmesser 4,0 cm und dem Innendurchmesser 1,8 cm zu. Für das Haarbüschel und die Hinterbeine benötigen Sie je zwei Pappringe mit dem Außendurchmesser 4,7 cm und dem Innendurchmesser 1,8 cm.

Arbeiten Sie dann die zweiteilige Ummantelung (Körper und Kopf) mit glattem Garn. Fertigen Sie zuerst den Körper und häkeln Sie einen so genannten Teller. Dafür schlagen Sie 5 Luftmaschen (siehe Indianerketten, Seite 12) an und schließen Sie diese mit einer Kettenmasche zum Ring. Häkeln Sie 8 feste Maschen in den Ring hinein. Bei den nächsten beiden Runden müssen Sie dann neue Maschen hinzunehmen. Das heißt, Sie arbeiten jeweils 2 feste Maschen in jede Masche der Vorrunde ein. Sie sollten zum Schluss 32 Maschen haben. Danach keine Maschen mehr zunehmen, sondern nur noch 1 Masche in jede Masche der Vorrunde einarbeiten. Häkeln Sie das Körperteil 15 cm hoch. Zuletzt den Faden abschneiden, durch die letzte Masche ziehen und vernähen.

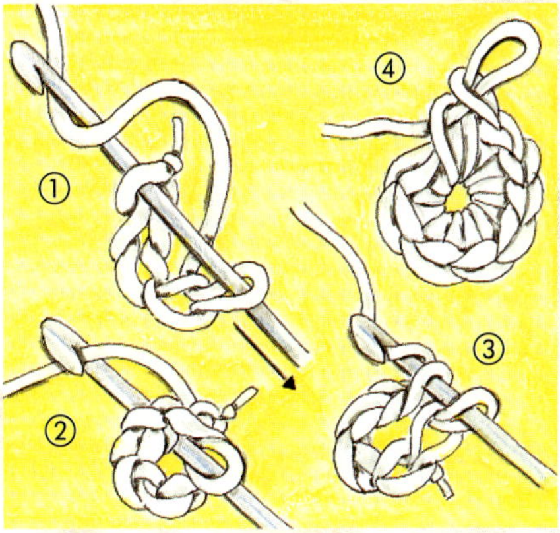


Für den Kopf verfahren Sie ebenso. Arbeiten Sie 2 Doppelmaschen über die Rundung hinaus, so dass Sie 34 Maschen erhalten. Danach arbeiten Sie wie oben beschrieben weiter. Nach einer Höhe von 8 cm den Faden abschneiden, durch die letzte Masche ziehen und vernähen. Nun schneiden Sie die Papprolle auf eine Länge von 20 cm zu. Nähen Sie dann beim Körperteil entlang der Öffnungskante mit 1 cm Abstand einen Kräuselfaden ein, beim Kopfteil ziehen Sie das Satinband ein. Stecken Sie die Rolle in das Körperteil und sichern Sie es mit dem Kräuselfaden. Ziehen Sie dann das Kopfteil über und binden Sie das Satinband zur Schleife.

Jetzt befestigen Sie die Pompons mit den Abbindefäden über jeweils zwei Maschen. Ziehen Sie hierzu einen der Abbindefäden von rechts nach links, den anderen von links nach rechts ein. Die Fäden gut verknoten und abschneiden.

Zuletzt die Augen auf weißes Papier übertragen. Zuerst anmalen, dann ausschneiden und aufkleben. Auch die Wattekugel für die Nase z. B. in Schwarz anmalen, dann auf die Schnauze kleben. Für die Zunge schneiden Sie einfach ein halbes Oval aus Filz zu. Kleben Sie es zuerst an der geraden Kante zur Hälfte zusammen, danach in die Schnauze einkleben.

**• Tipp •**

Hübsch sieht der Pudel mit Schlappohren aus, die Sie mit Hilfe einer Schablone auf weißen Filz übertragen. Die Ohren ausschneiden, zuerst am Ansatz zur Hälfte zusammenkleben, dann aufkleben.

Die Deutsche Bibliothek – CIP-Einheitsaufnahme

Ein Titeldatensatz für diese Publikation ist bei Der Deutschen Bibliothek erhältlich.





Fotografie: Klaus Lipa, Diedorf bei Augsburg
Illustration: Renate Vogl
Lektorat: Cornelia Schenk, Augsburg
Umschlagkonzeption: Kontrapunkt, Kopenhagen
Umschlaglayout: Angelika Tröger
Reihenkonzeption: Kontrapunkt, Kopenhagen
Layout: Uhl + Massopust, Aalen

AUGUSTUS VERLAG, München 2001




Satz: Gesetzt aus 9,5 Punkt The Sans
von Uhl + Massopust, Aalen
Reproduktion: Uhl + Massopust, Aalen
Druck und Bindung: Offizin Andersen Nexö, Leipzig

Gedruckt auf 135 g umweltfreundlich chlorfrei gebleichtes Papier.

ISBN 3-8043-0893-7

Printed in Germany